AF562879

DISCOURS

A L'OCCASION DE L'ANNIVERSAIRE DE LA JUSTE PUNITION DU DERNIER ROI DES FRANÇAIS,

Fait par le Citoyen BERNARD VERCOUSTRE, Sergent-major des grenadiers au 3e. bataillon de la 41e. demi-brigade de l'armée du Nord, et prononcé par l'auteur, dans le temple dédié à L'ETRE SUPREME, à Bourbourg, le 2 pluviôse, an 3e. de la République, correspondant au 21 janvier.

Imprimé par ordre de la Municipalité de Bourbourg, chef-lieu de canton du District de Bergues, Département du Nord.

Imprimé à Dunkerque chez DROUILLARD,

*C*EJOURD'HUI *deux Pluviôse*, 3me. *Année de la* REPUBLIQUE *Française, une et indivisible, deux heures de relevée, en conséquence de la convocation faite par le Conseil-général de la Commune de Bourbourg, District de Bergues, Département du Nord, avec invitation au Peuple du dit Bourbourg, de se réunir cejourd'hui devant la Maison-Commune, pour, en exécution du Décret de la* CONVENTION NATIONALE *du vingt-un Nivôse dernier, célébrer l'anniversaire du dernier roi des Français :*

Le Conseil général de la dite Commune de Bourbourg, présidé par le citoyen Antoine Vercoustre, *premier Officier Municipal, pour l'absence, à cause de maladie, du citoyen* Deschodt, *Maire, les Autorités constituées, les Membres de la Société populaire, et le Peuple du dit Bourbourg assemblés au lieu indiqué, se sont rendus, précédés d'une nombreuse musique ; au temple dédié à l'ETRE SUPREME, où étant, l'Agent National près la dite Commune de Bourbourg, monte à la tribune, et fait lecture de l'extrait du procès-verbal de la Convention Nationale, du 19, et de la Loi du 21 Nivôse précitée, qui ordonne que conformément au Décret du 18 Floréal, l'anniversaire de la juste punition du dernier roi des Français, serait célébré cejourd'hui deux Pluviôse, correspondant au 21 janvier, par toutes les Communes de la République et par les Armées de terre et de mer. Après lui, monte à la tribune le citoyen* Bernard Vercoustre, *Sergent-major des Grenadiers au 3me. bataillon de la 44.me. demi-brigade de l'Armée du Nord, actuellement en mission pour affaires du dit bataillon, lequel prononce le discours dont la teneur suit :*

DÉMOCRATIE OU LA MORT ! GUERRE ETERNELLE AUX TYRANS, AUX INTRIGANS

ET AUX TRAITRES ! PAIX ET SALUT AU PEUPLE ! AMOUR ET PRATIQUE DE LA VERTU ET DES MŒURS ! CONCORDE ET FRATERNITÉ !

Tel sera, Républicains, le partage de mon discours. Puissent mes faibles efforts concourir à vous rendre précieuses ces vertus sociales et civiques ! Puissent-ils vous éclairer sur vos véritables devoirs, et vous apprendre à distinguer dans la foule, vos véritables amis, de ceux qui vous ont trop longtems trompés, et qui épient encore l'occasion de vous faire servir d'instrumens à leurs cruautés et à leurs barbaries ! Puissé-je avoir la douce conviction que vous les connaîtrez assez pour que vous vous disiez à vous-mêmes : » *Chassons-les de nos socié-* » *tés, de crainte qu'ils ne communiquent* » *leur venin corrupteur à des âmes* » *vertueuses encore !* » A ces conseils courageux, mais nécessaires, déjà j'entends les vociférations multipliées de quelques vils *Jacobins* qui, soudoyés par des monstres qui ne sont plus, voulaient aussi faire couler le sang innocent dans cette Commune. Mais je méprise leurs ridicules clameurs autant qu'eux-mêmes. Je leur conseillerais de devenir vertueux, si je n'étais convaincu que, nés avec un penchant criminel, ils ne cesseront d'être dangereux qu'en cessant d'exister.

Vérité sainte! Préside à mes expressions! Eclaire-moi de ta lumière Divine! Et que tes ennemis confondus, fuyent loin de cette enceinte, emportant avec eux l'exécration générale !

La Convention Nationale pénétrée et convaincue que le Peuple Français ne veut d'autre Gouvernement que celui pour lequel nous combattons aujourd'hui, consacre en ce jour par un Décret, la mémoire de la mort du dernier roi des Français, juste punition dûe à ses machinations criminelles. En jurant de nouveau sur la tombe de ce tyran, la haine à ses pareils, nous convaincrons les coalisés et leurs exécrables suppôts, qu'ils ne règneront en France que quand le dernier Républicain aura mordu la poussière.

A cette époque mémorable la masse du Peuple, toujours pûre et bien intentionnée, crut sans doute que la tyrannie expirait avec *Capet* sur l'échafaud. Le Peuple crut que la Liberté n'aurait plus que des obstacles légers à vaincre, pour se consolider et assurer son bonheur.

Mais, hélas! Une expérience fatale nous a laissé la douloureuse certitude que la faulx du crime n'avait moissonné que la tête, j'ôse dire la moins dangereuse de l'hydre tyrannique, puisque rien ne la cachait à nos yeux. Les amis de la Liberté, des vertus et des lois, bravant ses vaines menaces, marchaient sans crainte dans la carrière glorieuse où l'amour de la Patrie les avait conduits.

La royauté, il est vrai, entra avec *Capet* dans le néant, pour ne plus paraître sur cette partie du globe. Mais une tyrannie plus dangereuse et plus terrible, puisqu'elle s'enveloppait du manteau sacré du patriotisme et de la vertu, la tyrannie populaire enfin vint arrêter ces amis du bien dans leur marche triomphante, et couvrir la France de meurtres et de deuil. Le sang de tant d'innocentes victimes, versé à grands flots, criait vengeance du nord au midi, de l'orient à l'occident du territoire de la République. Et personne, personne n'ôsait provoquer la justice contre ces bourreaux!

Robespierre et ses dignes complices revêtus de la confiance, criaient sans cesse à la trahison pour mieux trahir eux-mêmes. Le Peuple qu'ils avaient trompé, et qui croyait voir en eux des amis, des pères, applaudissait quand le ciseau national tranchait les jours d'une victime qu'ils avaient traînée à l'échafaud.

O honte! O aveuglement inoui! Tout fléchissait sous leur empire tyrannique et sanguinaire!

guinaire! Ces cannibales affamés comptaient les heures rapides du tems par le nombre des victimes immolées à leur acharnement. La France selon leurs principes destructeurs, était couverte de traîtres et de conspirateurs. Ils ne voyaient de patriotisme que dans cette classe d'hommes vertueux et estimables d'ailleurs, mais qui, trop peu éclairée pour apprécier cette vertu Républicaine, aurait servi pour son malheur, même leurs projets criminels. Tout était crime à leurs yeux! Pleurer un ami, un frère, un époux, un père injustement suppliciés, vous désignait pour un traître, un complice du condamné; et bientôt vous étiez enveloppé dans son malheur.

Partout, dans les hameaux même, ils stipendiaient des hommes vendus au crime par caractère et par besoin. Partout ils engraissaient plus ou moins de dénonciateurs avec les dépouilles sanglantes des hommes sacrifiés à leur haine et à leur vengeance:

et ces scélérats roidis dans ces principes infâmes, calomniaient les mandataires fidèles du Peuple et ses magistrats, les dépeignaient sous les couleurs les plus noires, et ne craignaient pas de dire hautement au Peuple, que de leur destruction dépendait son bonheur. Le Peuple étonné, ajoutait d'autant plus de foi à ces atroces calomnies, que partout ses véritables amis consternés ou proscrits n'ôsaient élever la voix pour éclairer sa religion et sa justice.

Et d'ailleurs, chers Concitoyens, vous êtes mieux instruits que moi, de la conduite de cette classe d'hommes, aujourd'hui généralement abhorrée. Vous fûtes témoins de leurs intrigues; vous entendîtes leurs clameurs! La terreur et le carnage étaient sans cesse à l'ordre du jour. Les patriotes paisibles et bien intentionnés n'ôsaient par terreur ou par faiblesse, s'élever contre ces buveurs de sang. Bien plus, ils cherchaient à se les concilier, et à fraterniser avec eux; mais ces scélérats les repoussaient de leurs conciliabules secrets, parce qu'ils prévoyaient bien que des hommes vertueux par caractère ne pouvaient tramer avec eux.

Un seul d'entre vous eut le courage de lutter contre eux pendant l'espace de six mois, bravant leurs menaces et les efforts multipliés qu'ils avaient mis en usage pour le faire périr, et avec lui les patriotes les plus connus et les plus nécessaires à cette Commune.

Vous les avez entendus du haut de cette tribune trop longtems souillée par leur présence, prêcher la discorde et l'injuste méfiance, en calomniant spécialement ceux que vous avez honorés de votre confiance, et qui s'en sont montrés constamment dignes. On ôsa vous dire en parlant de la Municipalité de *Bourbourg-Campagne* non moins respectable et zêlée que celle de cette Commune: » *Faisons guillotiner toute la Municipalité, et nous aurons du pain* ». Vil muscadin! Vas aux frontières! Mais que dis-je? Le sang qui coule dans tes veines, n'est point un sang Républicain. Tes dignes conseillers se distinguaient aussi par des propos également parricides. L'un d'eux, non moins féroce que toi, s'écriait d'une voix rugissante: » *Il faut que cinquante* » *têtes tombent dans cette Commune, et nous* » *aurons du pain* »: S'élevait-on contre leurs cris sanguinaires, ils vous menaçaient de la colère du *Caligula* du Nord de la France, qui égorgeoit le peuple sous prétexte de servir sa cause et d'assurer sa Liberté.

Lâches, sans voix aujourd'hui! Venez justifier si vous le pouvez, de la droiture de vos intentions! Venez rendre compte au peuple de votre conduite passée! Mais ceux qui soudoyaient vos crimes, ne sont plus; ou du moins ils attendent du fond de leur cachot le juste châtiment dû à leurs cruautés. Votre règne antropophage a fini avec eux.

La CONVENTION NATIONALE à l'époque mémorable du *neuf Thermidor*, nous a rendu la vie et la liberté dont ces monstres avaient fait le plus dur esclavage. Elle a fermé, pour ne plus s'ouvrir, l'antre jacobin où s'aiguisaient publiquement les poignards destinés à percer les flancs des patriotes, et où tous les gens de bien étaient forcés de siéger pour soustraire leur tête au coup fatal qui ne frappait que la vertu. Qu'ils tremblent à leur tour! Le glaive de la justice est suspendu sur leurs têtes coupables.

Ah ! Chers Concitoyens, gardez-vous de vous laisser tromper encore par ces anarchistes, aujourd'hui trop bien reconnus! Couvrez-les d'un mépris et d'une réprobation éternels! Semblables au caméléon, ils changeront de couleur, et d'une voix mielleuse et traîtresse ils s'efforceront de vous rendre encore les complices innocens de leurs abominables projets. Mais évitez-les! Soyez fermes et courageux! Purgez vos groupes de leur présence empoisonnée! Réduisez-les à eux mêmes!

Qu'ils vivent! Mais dans l'obscurité et dans l'oubli!

Dites! Vous qui vous reconnaissez dans la discription hideuse que je viens de faire! Que vous devez regretter en ce moment votre régne passé! Ma tête sans doute serait déjà vendue à quelque dénonciateur stipendié par vous. Réduits au néant aujourd'hui, vous vous efforcerez de me faire passer pour un faux ami du peuple, un aristocrate, peut-être même pour un royaliste; enfin vous me donnerez tous les titres odieux qui vous sont dûs. Mais vos sourdes intrigues, si contre toute attente elles pouvaient réussir, ne sauraient me faire oublier que je suis républicain; que je me dois tout entier à ma Patrie; que je dois lui désigner ses ennemis, aux dépens de ma vie même.

Eh! Chers Concitoyens, quel serait aujourd'hui votre sort, si l'Etre-suprême lassé enfin de tant de crimes, n'avait arrêté ces monstres dans leur course homicide? Les chaînes qu'ils vous faisaient porter sans vous en appercevoir, seraient peut-être déjà à jamais rivées! Envain vos amis, vos frères, vos enfans auraient fait trembler les rois de l'Europe sur leurs trônes chancelans. Tant de brillans succès acquis au prix de tant de peines, de sueur et de sang, auraint été non seulement sans fruit, mais même auraient tourné à notre honte et à notre détriment.

Et au nom de la Patrie, chers Concitoyens, secondez vos efforts! Que nous puissions dire en mourant au champ de Mars: » NOUS » MOURONS CONTENS, PUISQUE NOTRE SANG » VERSÉ, CIMENTE LE BONHEUR DE NOTRE » PATRIE » N'écoutez plus ces hommes qui crient sans cesse au royalisme, à la trahison: ils ne veulent que vous désunir et vous enlever vos véritables amis qui d'après leurs principes, sont des modérés qui ne font rien pour la révolution.

Intrigans exécrés! Vous avez tout fait, il est vrai, je ne dirai pas pour détruire, car vos efforts auraient été sans succès, mais pour faire rétrograder cette révolution salutaire: et ces hommes que vous calomniez tant, ont sacrifié pour elle leurs veilles et leur santé, leurs biens et leur vie même. Faites donc voir un seul sacrifice dont vous n'ayez tiré l'intérêt avec usure. Les deniers du Peuple, s'ils vous avaient été confiés, auraient servi en partie d'aliment à votre cupidité: enfin si je voulais entrer dans le dédale ténébreux de votre infâme conduite, un volume entier ne suffirait pas à la détailler. J'en ai dit assez pour vous faire mépriser. Je ne veux pas provoquer la haine contre vous. Tonnez et menacez contre moi, je vous accable de mépris, comme des lâches le méritent.

Pour nous, chers Concitoyens, rallions-nous autour de la CONVENTION NATIONALE. Faisons-lui de nos corps un rempart solide, impénétrable! Jurons-lui de la défendre contre toute attaque de royauté et

d'anarchie

d'anarchie. En purgeant son sein des terroristes et des égorgeurs qui la souillaient depuis trop longtems, elle s'est montré digne de veiller sur les hautes destinées d'un Peuple souverain. Entourez-la de votre confiance et de votre amour. Elle ne s'occupe que de votre bonheur. Une funeste expérience l'a convaincue que la douceur et l'indulgence seules doivent dicter les Loix par lesquelles nous devons nous gouverner: elle a vu que ce n'est point par des Loix de sang, qu'on ramène des hommes égarés ou trompés.

Rallions-nous autour des Républicains que vous avez investis de votre confiance. Surveillons-les! Mais soyons justes! S'ils se trompent, rappellons-les à leur devoir. Ils doivent écouter, et ils écouteront nos justes représentations. Par là nous les rendrons circonspects et plus soigneux à remplir la tâche glorieuse, mais difficile que nous leur avons imposée. Gardez-vous de vous livrer à des dénonciations vagues et sans fondement; car il est douloureux pour l'homme de bien de se voir flétri pour avoir été dans l'erreur. Souvent il en perd le courage; et craignant d'agir, il est privé de faire à ses concitoyens le bien dont il est capable.

Et vous, Magistrats élus par le Peuple! Qu'il me soit permis de rappeller vos obligations envers vos concitoyens. Vous les avez remplies jusqu'à ce jour; vous les remplissez encore avec un zéle toujours renaissant: mais pensez que vous n'en avez jamais fait assez, lorsqu'il s'agit de l'intérêt et du bonheur de vos concitoyens. Redoublez d'ardeur et de zéle pour accumuler sur eux la prospérité et la paix. Que votre conduite civile soit toujours irréprochable et publique; comme elle l'a été jusqu'à ce jour! Que le Peuple puisse dire à vos détracteurs: » *Four-* » *bes! Voyez leur conduite; elle répond à* » *nos vœux*»: Observez avec soin la marche tortueuse des ennemis du bien, aujourd'hui vaincus. Gardez-vous de mollir devant eux. Livrez leur tête coupable à la hache du bourreau! Les épargner, serait vous rendre complices de leurs entreprises criminelles.

En suivant, chers concitoyens, la marche que je vous trace, vous pourrez espérer d'atteindre le but auquel nous tendons d'un commun accord; je veux dire, notre salut et la paix intérieure.

Mais pour parvenir à ce terme désiré, vous devez aimer la vertu et les mœurs; les chérir dans ceux qui les pratiquent, et les pratiquer vous-mêmes. Vous ne le savez que trop; sans elles point de loix, point de gouvernement, et moins encore de république. Les gouvernemens des rois sont fondés sur l'intrigue et la corruption. Mais un gouvernement républicain n'a que le peuple pour appui. Rome et Carthage ne périrent que pour avoir oublié ces principes inconstestables.

C'est à vous, Pères et Mères, Instituteurs et Institutrices, que je m'adresse en ce moment. Vous tenez entre vos mains ceux qui comme vous, auront un jour part aux emplois que vous occupez aujourd'hui, et sur qui se fonde tout l'espoir de la Patrie. Songez que vous n'en êtes que les dépositaires, et que vous devrez les rendre à la Patrie pour être ses défenseurs et son appui. Inspirez-leur surtout la haine des rois et des oppresseurs. Apprenez-leur à connaître la dignité de l'homme, à s'apprécier eux-mêmes, à aimer et à respecter leurs semblables. Gardez-vous de les alimenter dans les principes dangereux et destructeurs dans lesquels nous avons eu le malheur d'être élevés, mais que d'heureuses circonstances sont venu changer en principes sains et amis de l'humanité trop longtems avilie. Point de préférence personnelle! Dites-leur que la vertu et les talens seuls doivent déterminer leur choix, et captiver leur confiance. Faites-leur voir l'homme à nud, afin que le pauvre vertueux soit également respectable à leurs yeux. S'ils sont nés dans la fortune, persuadez-leur que ces biens qu'ils posséderont un jour, sont un depôt sacré qui leur est confié, et de l'usage desquels ils devront rendre compte. Inspirez-leur enfin l'amour de toutes les vertus sociales et civiques, la haine du luxe et de la débauche. Elevés dans de tels principes, la République fondée par nous, ne périra point avec de pareils hommes.

Pratiquons, Républicains, pratiquons dès-à-présent ces vertus fondamentales du républicanisme, si nous voulons vivre en frères, et rester unis. Ne formons qu'une seule famille. Que tout esprit de parti disparaisse à jamais. Aimons nos ennemis. Pardonnons à leurs erreurs, à leur méchanceté même. Ramenons-les à la vertu par l'exemple et la douceur. Et s'ils sont incorrigibles, contentons-nous de les mépriser, sans chercher à les perdre. N'envisageons que la Patrie! Elle implore ses enfans à grands cris. Depuis trop longtems elle gémit de nos divisions intestines. Nous seuls, nous avons causé tous ses malheurs. Songez combien de victimes ont péri par nous. Epargnez votre propre sang. Vous avez tous des amis, des parens, des enfans dans nos nombreuses et triomphantes phalanges.

Je ne parlerai point des maux que nous y endurons ; ils sont légers pour des hommes qui aiment leur Patrie. Nous bravons la mort et les dangers, pour vaincre et abattre nos ennemis : et partout la victoire couronne nos efforts.

Où en serions-nous, je vous le demande, où en seriez-vous vous-mêmes, si, comme vous, nous avions un but différent? Ah! Prenez-y garde! Les rois presque vaincus et sans ressources, n'espérent de salut que dans vos divisions. Les soldats de la Liberté sont incorruptibles: VAINCRE OU MOURIR pour elle, voilà leur devise, voilà leur serment!

Mais à quoi serviront les sacrifices sans nombre qu'ils ont faits et font encore tous les jours, si la discorde continue à semer parmi vous ses funestes poisons. Armez-vous contre-elle! Combattez-la comme votre plus cruel ennemi. Pour nous, destinés à combattre des ennemis ouvertement déclarés, nous nous chargeons de les anéantir, et de leur faire respecter la cause sainte pour laquelle nos bras sont armés.

Tremblez, tyrans et anarchistes! Votre espoir n'est plus! Le Peuple Français trop longtems trompé, a connu vos sourdes intrigues! Il est muni contre vos attentats liberticides: réuni en faisceau indissoluble, envain vous voudrez le désunir. Tremblez, en voyant la tombe encore fumante de votre digne confrère ! Hâtez-vous de nous demander la paix aux conditions qu'il nous plaira de vous imposer. Voyez nos armées marcher à pas de géant dans la carrière de la victoire. Vos efforts multipliés ne sauraient les arrêter dans leur course triomphante. Bientôt vos trônes ébranlés ne présenteront à l'aspect de l'Europe délivrée et libre, que des monceaux de ruines et de cendres. S'ils tombent nos Héros, des Héros plus nombreux encore, n'attendent que le signal pour voler aux frontières, et venger dans votre sang leur mort prématurée.

Jurons, Français, jurons sur la tombe de notre dernier oppresseur, que nous ne poserons les armes que quand nos ennemis ne seront plus. Jurons d'être unis et frères. De vous seuls dépendent les succès de vos défenseurs. Ils ne tromperont point votre attente, et bientôt ils reviendront victorieux et triomphans dans leurs Foyers; goûter avec vous les fruits mérités de leurs longs et pénibles travaux, et des vôtres. Nous pourrons chanter alors: VIVE LA LIBERTE'! VIVE A JAMAIS LA RE'PUBLIQUE!

Cotté et paraphé par moi soussigné au nombre de dix-huit pages.

Signé, B. VERCOUSTRE,

SERGENT-MAJOR.

Pendant cette lecture l'orateur est souvent interrompu par de nombreux applaudissemens. Le discours fini, un Citoyen demande et l'assemblée arrête que ce discours qui a été universellement applaudi, renfermant les sentimens dont les citoyens de la Commune de Bourbourg sont pénétrés, soit inséré en entier au procès-verbal de la Municipalité, imprimé au nombre de deux mille exemplaires, envoyé à la CONVENTION NATIONALE, *aux Représentans du Peuple en mission dans ce Département, à toutes les autorités constituées du Département du Nord, et distribué dans toute la Commune de Bourbourg, aux frais de la dite Commune; qu'à cet effet le dit citoyen* BERNARD VERCOUSTRE *seroit invité de remettre son discours à* l'Agent-National *près la dite Commune qui demeureroit chargée de l'exécution dudit arrêté adopté au milieu des plus vifs applaudissemens. Le dit citoyen* VERCOUSTRE *obtempérant à l'invitatiom de l'assemblée, remet son discours ès mains du dit* Agent-National *près la dite Commune de Bourbourg.*

Ainsi fait et dressé le présent procès-verbal par les Membres du Conseil-général de la Commune de Bourbourg, en la salle de leurs séances ordinaires, présens les citoyens Antoine VERCOUSTRE, Richard DURECHON, Etienne-Louis TOURNY, Guislain DEBLONDE, *Officiers-Municipaux*, Pierre DUTOIT, François BAELDE, G. L. HENNOCQ,

Pierre SACO, Augustin VERHILLE, Jean-Bap. VANWORMHOUDT, Arnout COCQUILLIER, SAUVAGE-DUTEL, Joseph VANDENABEELE, *Notables*, Jean-Baptiste DEWINTRE, *Agent-National*, *et* Pierre-François POLLET père, *secrétaire-greffier, qui ont signé la minute des présentes.*

Collationné et trouvé conforme à la minute par le Secrétaire-Greffier soussigné.

POLLET.